TLACOTALPAN

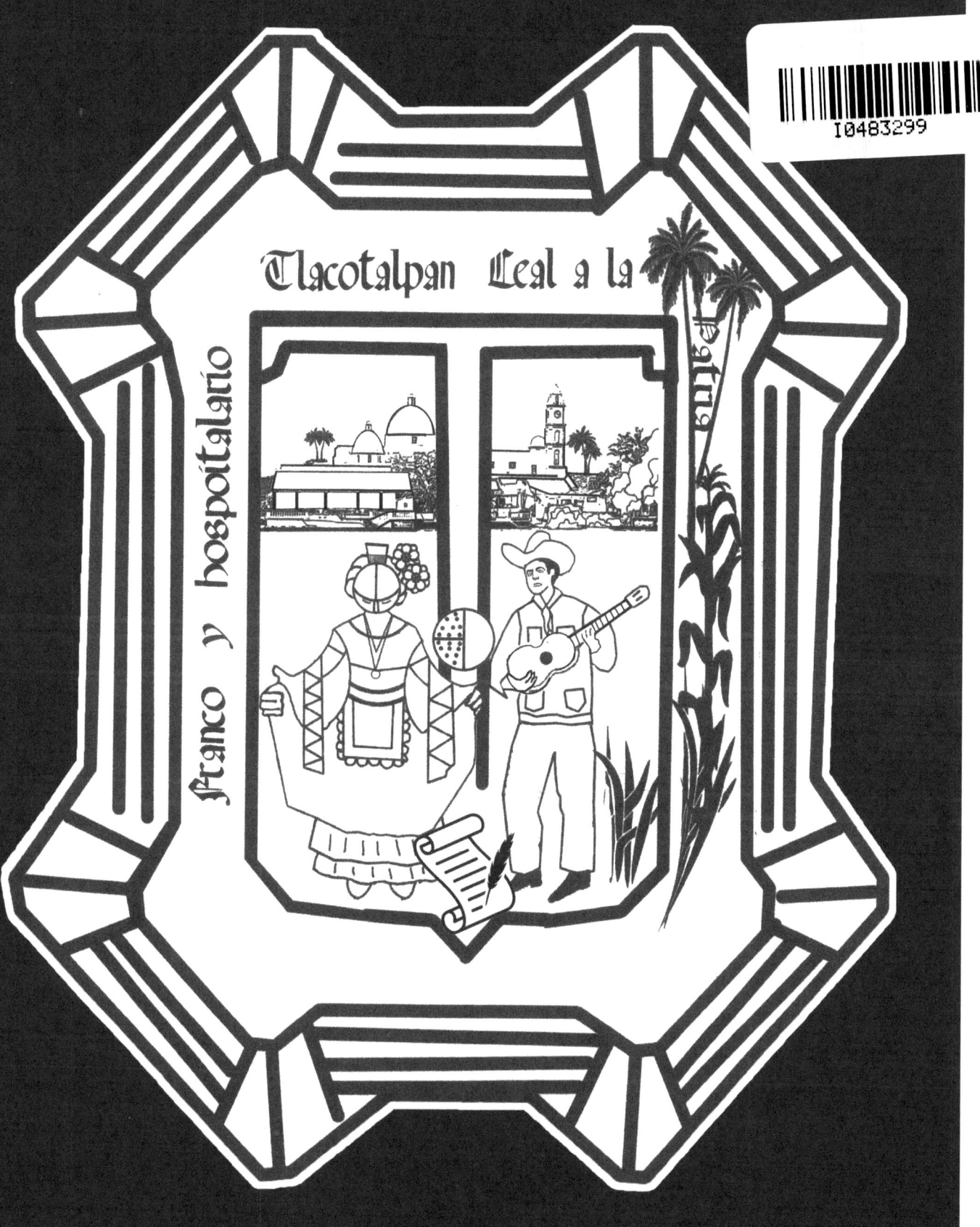

TLACOTALPAN

Fue un antiguo territorio totonaca hasta el siglo XII DC.En los siglos XIII y XIV, fue ocupado por losToltecas.Era cabecera de Atlizintla (hoy Alvarado) En 1475, al tomar Cempoala, Axayácatl sometió a este antiguo acentamiento indígena, al que le puso el nombre de "Tlacotalpan", que significa "Entre aguas", Se encuentra regado por los ríos San Juan y Tesechoacan, tributarios del río Papaloapan. Limita al norte con Alvarado, al este con Lerdo de Tejada, al sur con Villa Isla.La distancia aproximada a la capital del estado es de 203 Km.

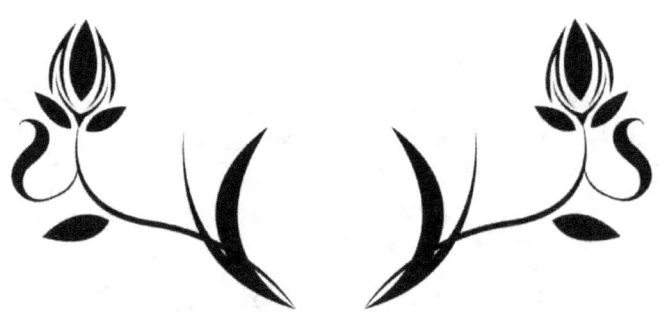

CASA DE LA CULTURA " AGUSTÍN LARA "

Desde su fundación en 1974, La Casa de la

Cultura ha tenido la función de rescatar,

difundir y preservar las artes, la danza y

la música de la región, siendo un santuario

y baluarte de las tradiciones de Sotavento.

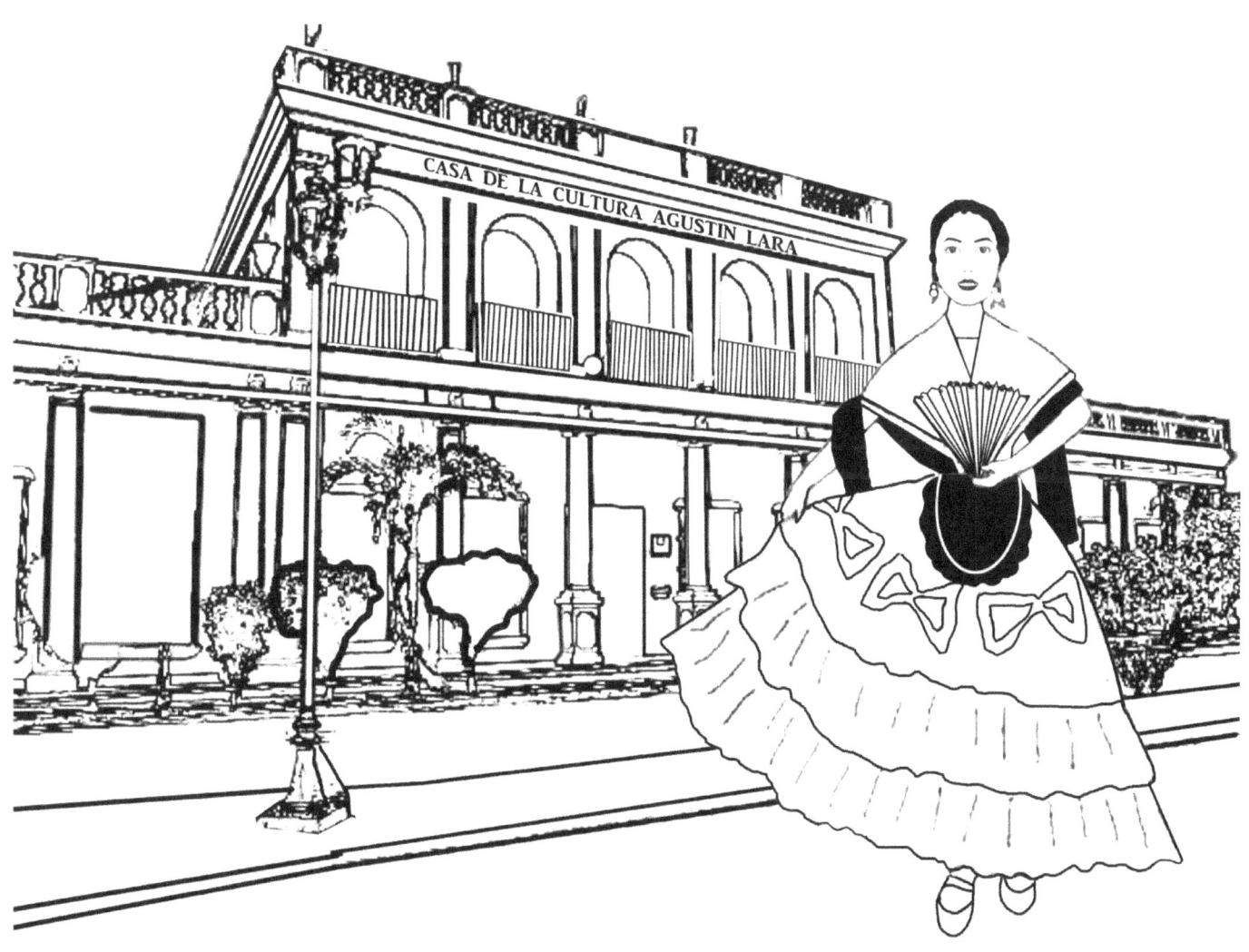

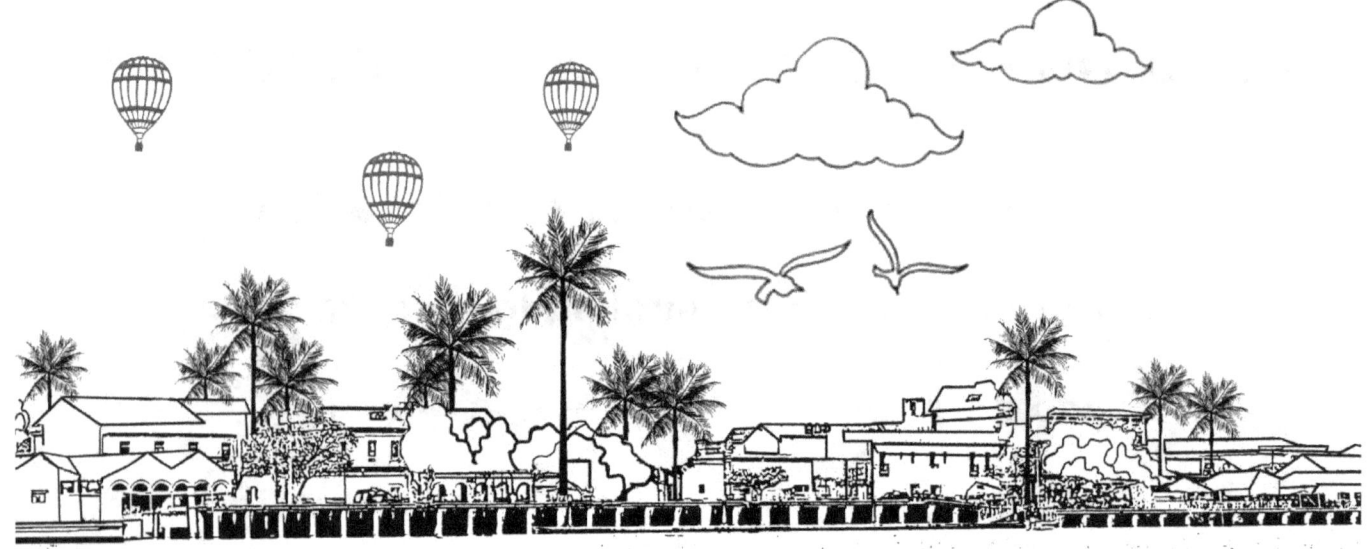

Tlacotalpan "relicario"

que chulada de paisaje

cuando llegas de algún viaje

y escuchas el campanario.

Llamando gente al rosario

hospitalarios portales

donde se curan los males

tan bonita como un cuento,

La perla de Sotavento

panorama sin rivales.

Esta es la novia del río

Tlacotalpan soverana

la reina de la sabana

con tu hermoso caserío.

Bienvenido amigo mío

un saludo muy sincero

le brindamos al viajero

y abrimos de para en par

las puertas de nuestro hogar

para que vuelva an frebrero.

Porfirio R. Galó

PATRIMONIO CULTURAL DE LA HUMANIDAD

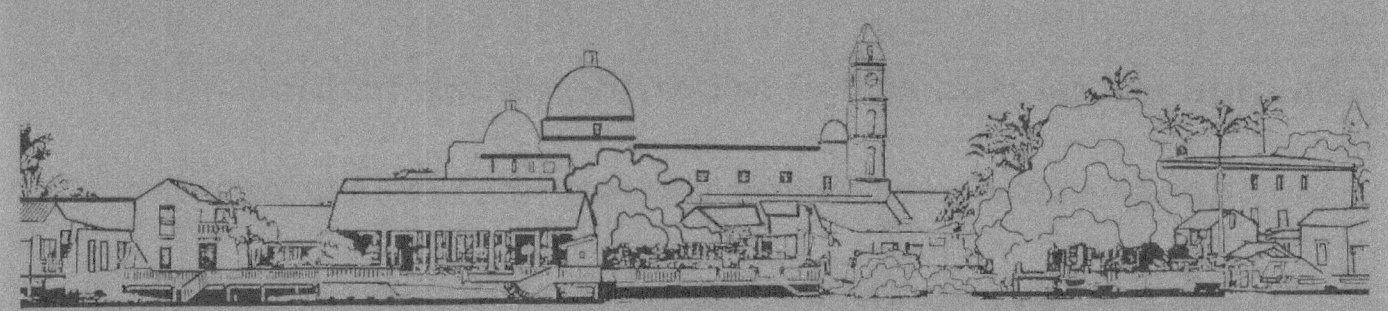

Tlacotalpan fue inscrito en diciembre 1998 en la lista

de Patrimonio Cultural de la Humanidad en Kioto Japón

por la UNESCO, su arquitectura Colonial y sus

características únicas la llevaron hacer merecedora de

este gran reconocimiento.El trazo urbano y la

representación de la fusión de lastradiciones españolas

y caribeñas de excepcional importancia y calidad.

Otro de los criterios que se reconoció fue que es un

puerto ribereño colonial situado cerca de la costa del

Golfo de México.

LA MOJIGANGA

Inician las fiestas con el recorrido de las tradicionales

Mojigangas.Son esculturas monumentales elaboradas

con papel mache y con caña de otate.

Representan a personajes y objetos cotidianos de

actividades de la región.

Este desfile nocturno se acompaña con antorchas,

cohetes, una banda de música y tiene como finalidad

limpiar las calles de los males que aquejan a la

humanidad.

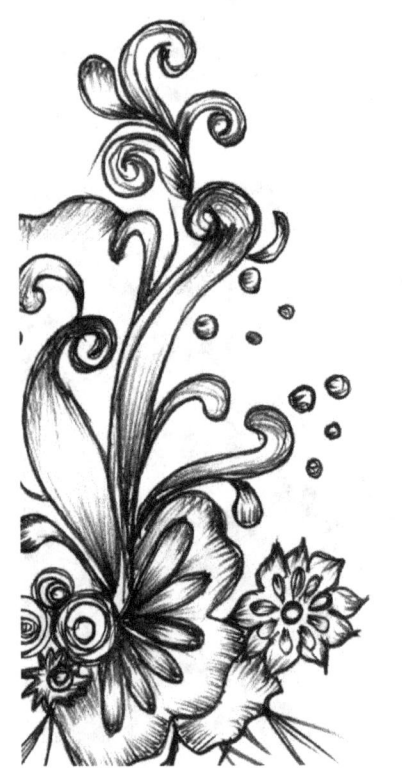

El más hermoso lugar
ubicado junto al río
con su bello caserío
el Tlacotalpan sin par,
no tardes en llegar
el treinta y uno de enero
procura ser el primero,
de disfrutar el paisaje
jarochas con blanco traje
en las fiesta de febrero.

Porfirio R. Galó

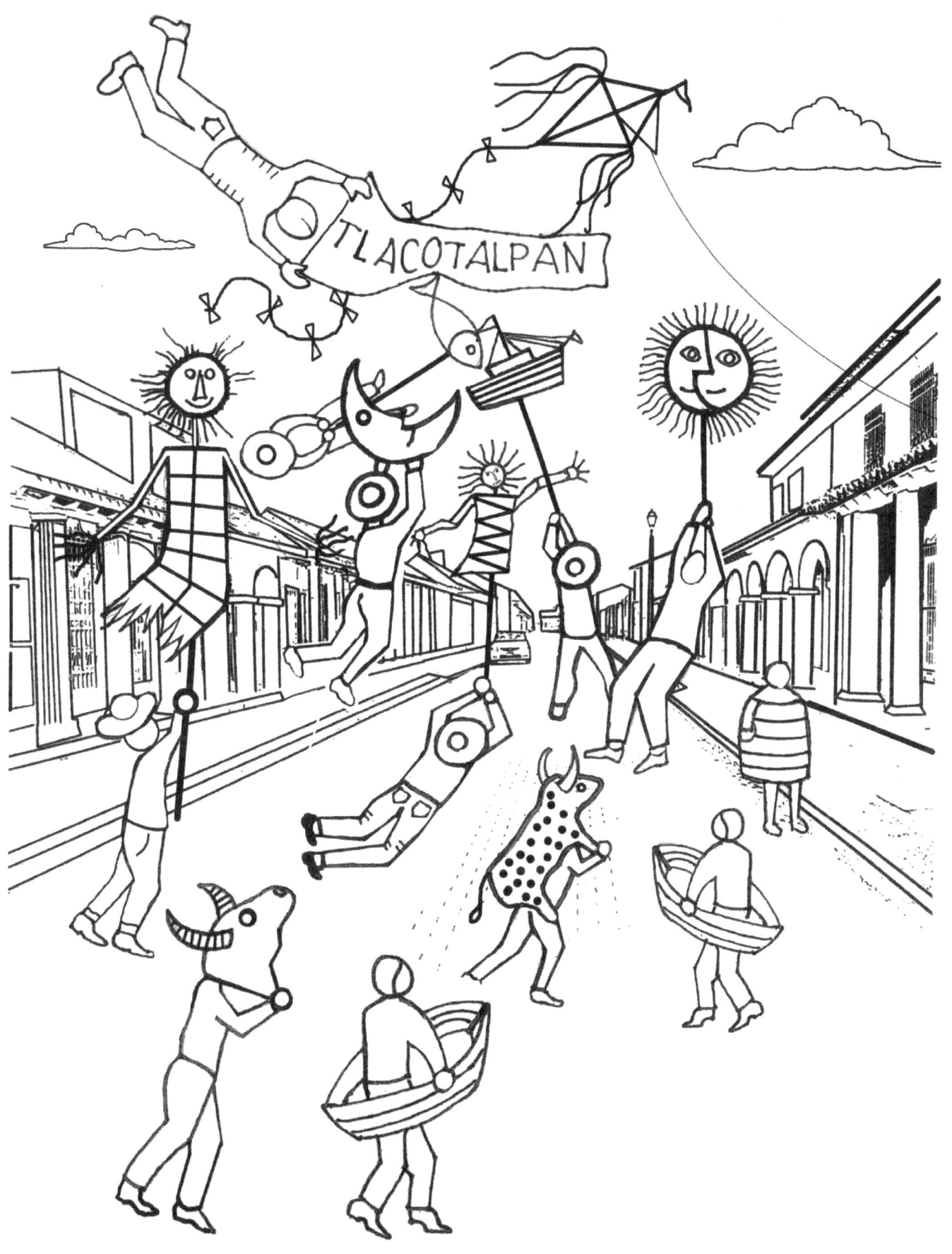

LA MOJIGANGA

LA CABALGATA

Esta celebración se inició ha mediado del siglo XVIII, cuando los hacendados y mayorales llegaban con sus familias días antes de la celebración de las fiestas de la Candelara.

El 31 de enero se inician las fiestas con las tradicionales cabalgatas.En este evento se considera un privilegio ser capitanes, pues son quienes van a portar la Bandera mexicana encabezando la cabalgata, en la cual centenares de jarochos visten sus mejores galas y lucen sus mejores caballos.El amplio recorrido se iniciá desde el puente García, desfilando por la ciudad.

Verás en la perspectiva
la elegante caminata
de la hermosa cabalgata
que a todo mortal cautiva.
Te contagia, te motiva
te llena de sentimiento
y te hace sentir contento
majestuoso escenario
con la "Banda Centenario"
lo mejor de Sotavento.

Porfirio R. Galó

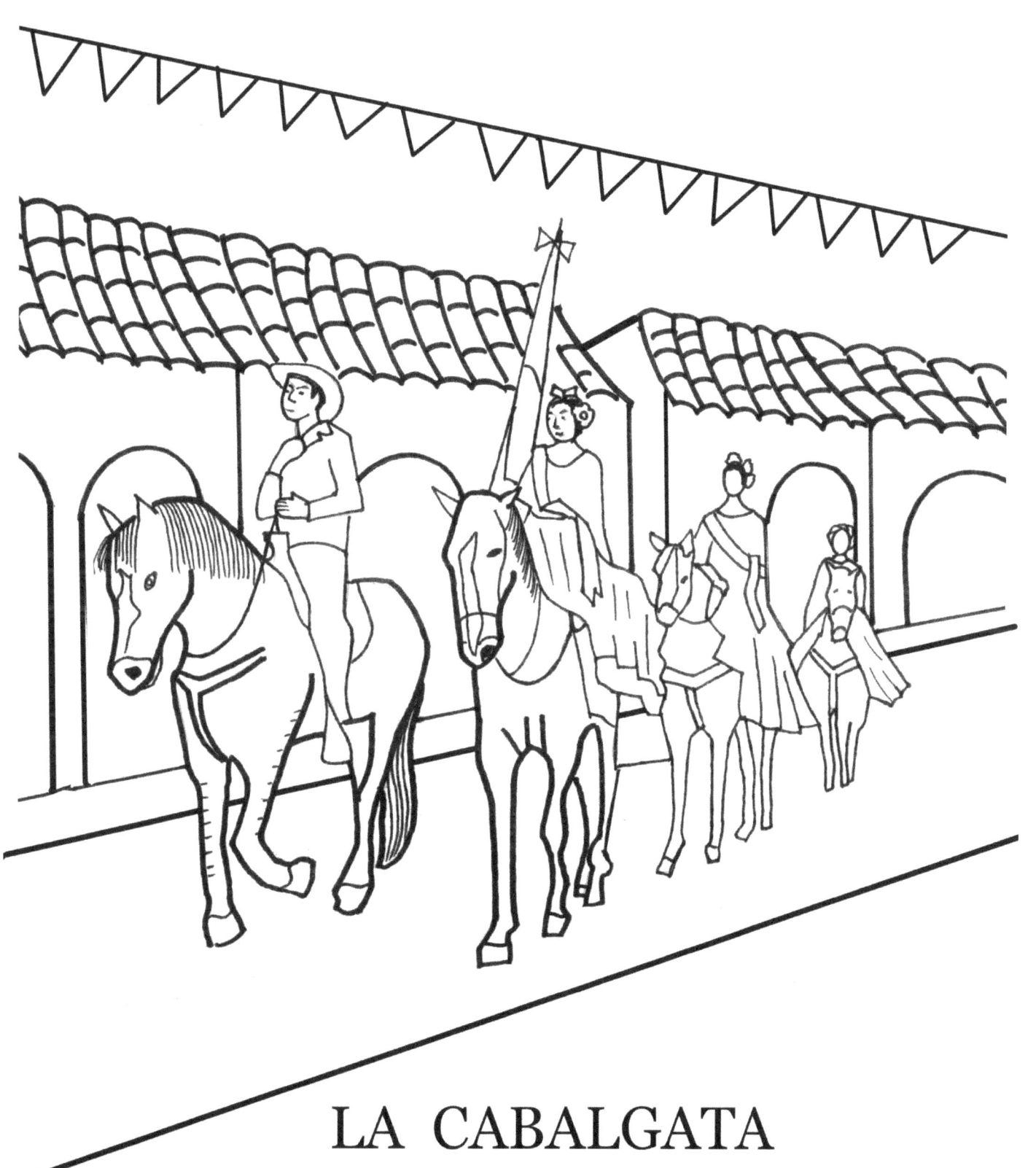

LA CABALGATA

LAS REGATAS

1ʳᵒ de febrero

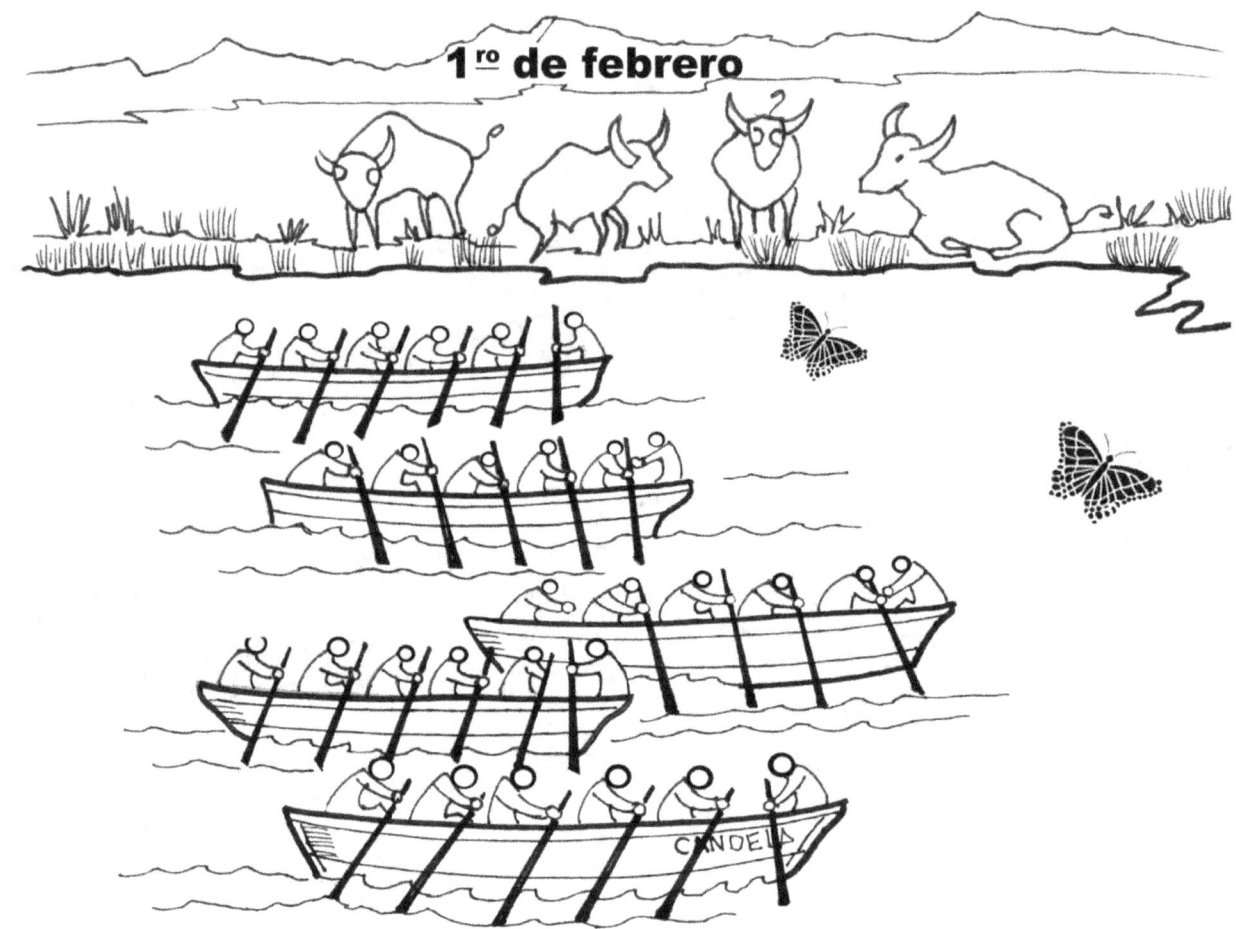

Pueblo de herencia marinera;en sus actividades los pescadores locales y vecinos de la población han creado una competividad en las destrezas marinas, que consiste en realizar una carrera náutica con piraguas a remo de cino a diez integrantes, que consiste de ir de una orilla a la otra del río papaloapan, que como premio es embalsar el primer toro de seis, que se liberara en el pueblo.

DÍA DE LOS TOROS

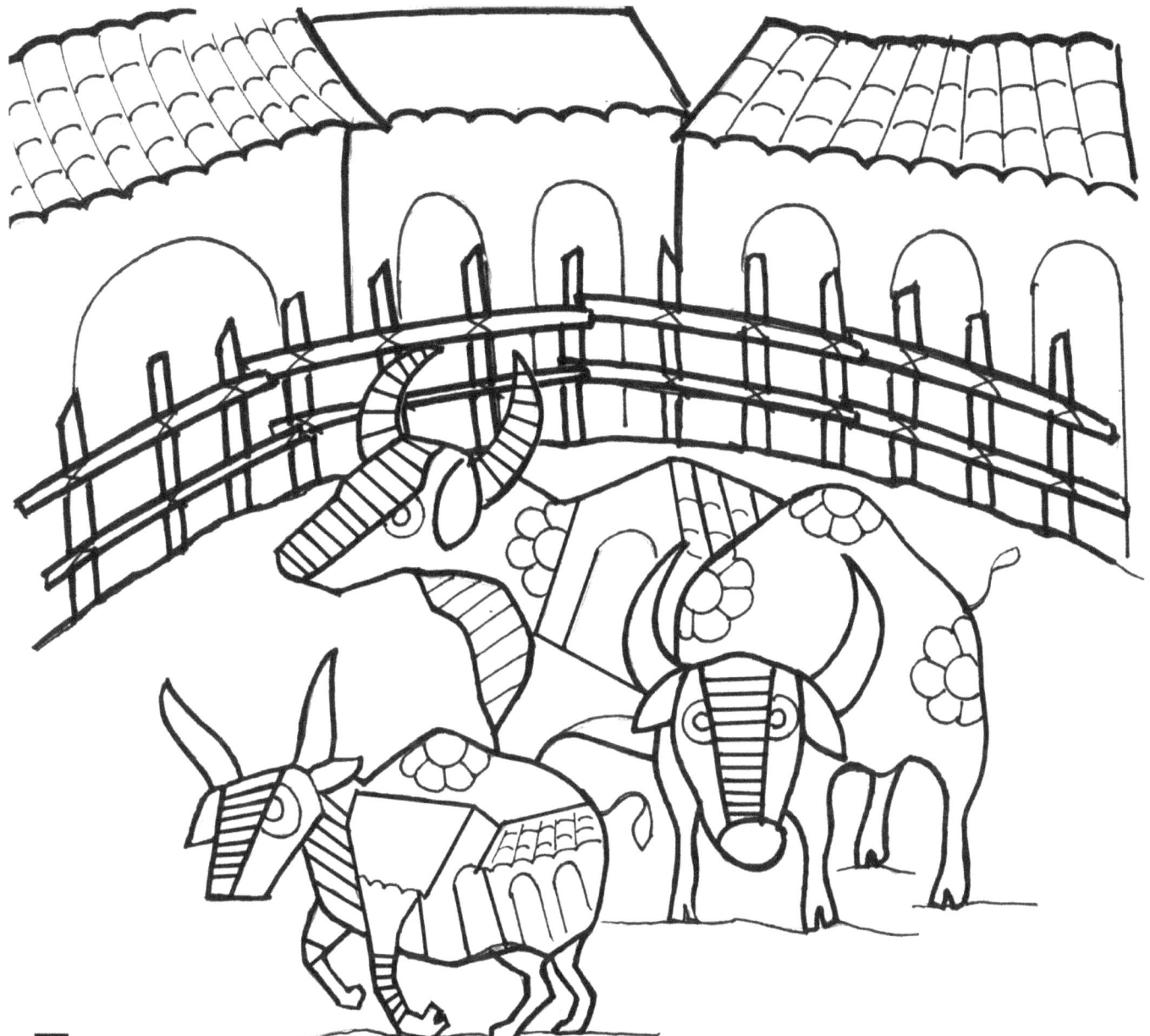

En el siglo XVIII, los dueños de las haciendas, realizaban grandes celebraciones, en la cual compartían con sus mayorales y trabajadores. Las pamplonadas y corridas de toros, fue en estas manifestaciones donde el ranchero demostraba sus habilidades como jinete.A partir de 1872 forma parte de las fiestas de la Candelaria el primero de febrero.

Actualmente esta celebración continua bajo estrictas regulaciones de no dar maltrato a los toros.

LA VIRGEN DE LA CANDELARIA

En el México antiguo los nativos de la ribera veneraban a Chalchitlicue, Diosa de los lagosy mares.En su celebración la paseaban en piraguas por el río para bendecir las aguas y mejorar las cosechas y la pesca.

Para evangelizar a los indígenas, los frailes españoles trajeron desde Barcelona, en el siglo XVII, a la Virgen de la Candelaria, para sustituir a Chalchitlicue. Fue la familia Rivadeneyra quien la trajo a Tlacoptalpan y el 2 de febrerode 1783 se efectúo la primera gran celebración del paseo de la Virgen de la Candelaria.

El pueblo Tlacotalpan
celebra a la Candelaria
con su canto, su plegaria
en su santuario de ensueño.
con entusiasmo cuenqueño
preparan la cabalgata
elegante caminata
en medio del caserío
de este bello pueblo mío
que todo el mundo retrata.

Porfirio R. Galó

LA VIRGEN DE LA CANDELARIA

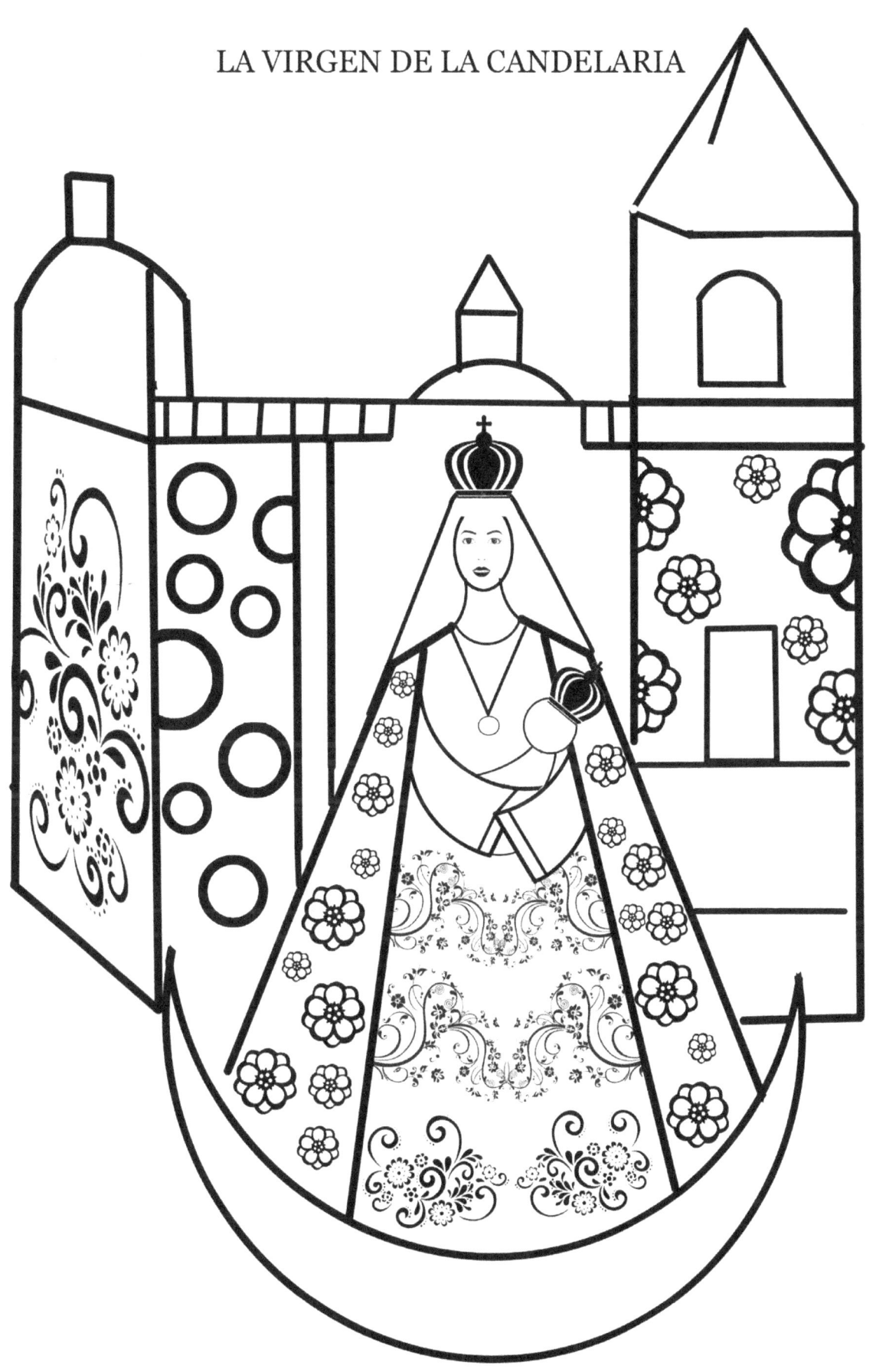

MI ABUELA VESTIDA DE NOVIA

Alberto Fuster Beltrán Pintor Talacotalpeño (1972-1922)

En 1888 recibió una pensión para estudiar pintura en Roma. Posteriormente en París y algunas ciudades italianas como Venecia, Florencia, Milán y Nápoles.Fue becado por el gobierno mexicano por 17 años.

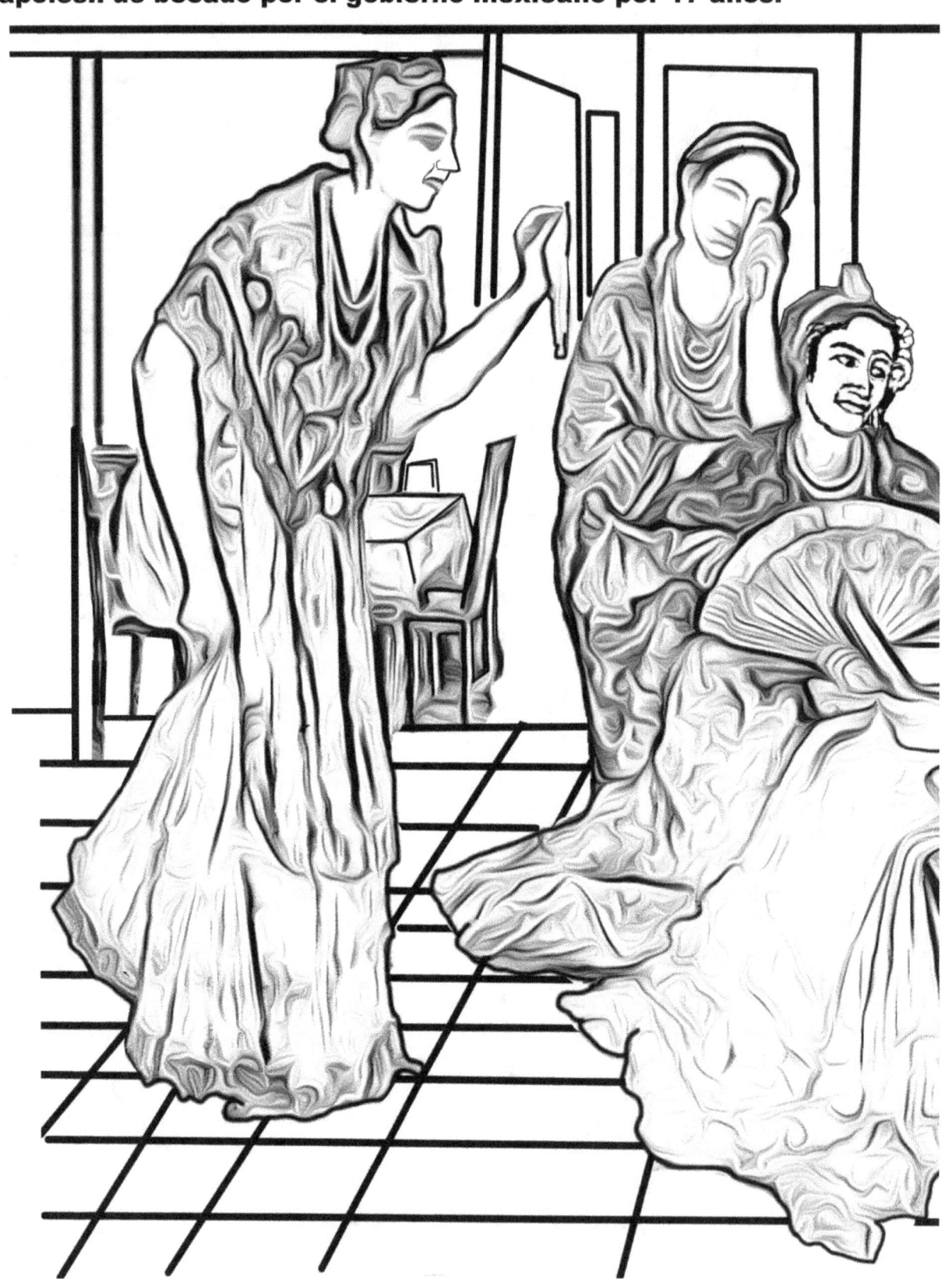

Tres años más tarde laboró como cónsul honorario en Florencia.
Durante su estancia en Europa participó en el Salón de los Campos
Elíseos y en la Exposición Universal de París de 1900.
Actulmente este cuadro esta en La Casa de la Cultura
"Agustín Lara" Talacotalpan, Veracruz.

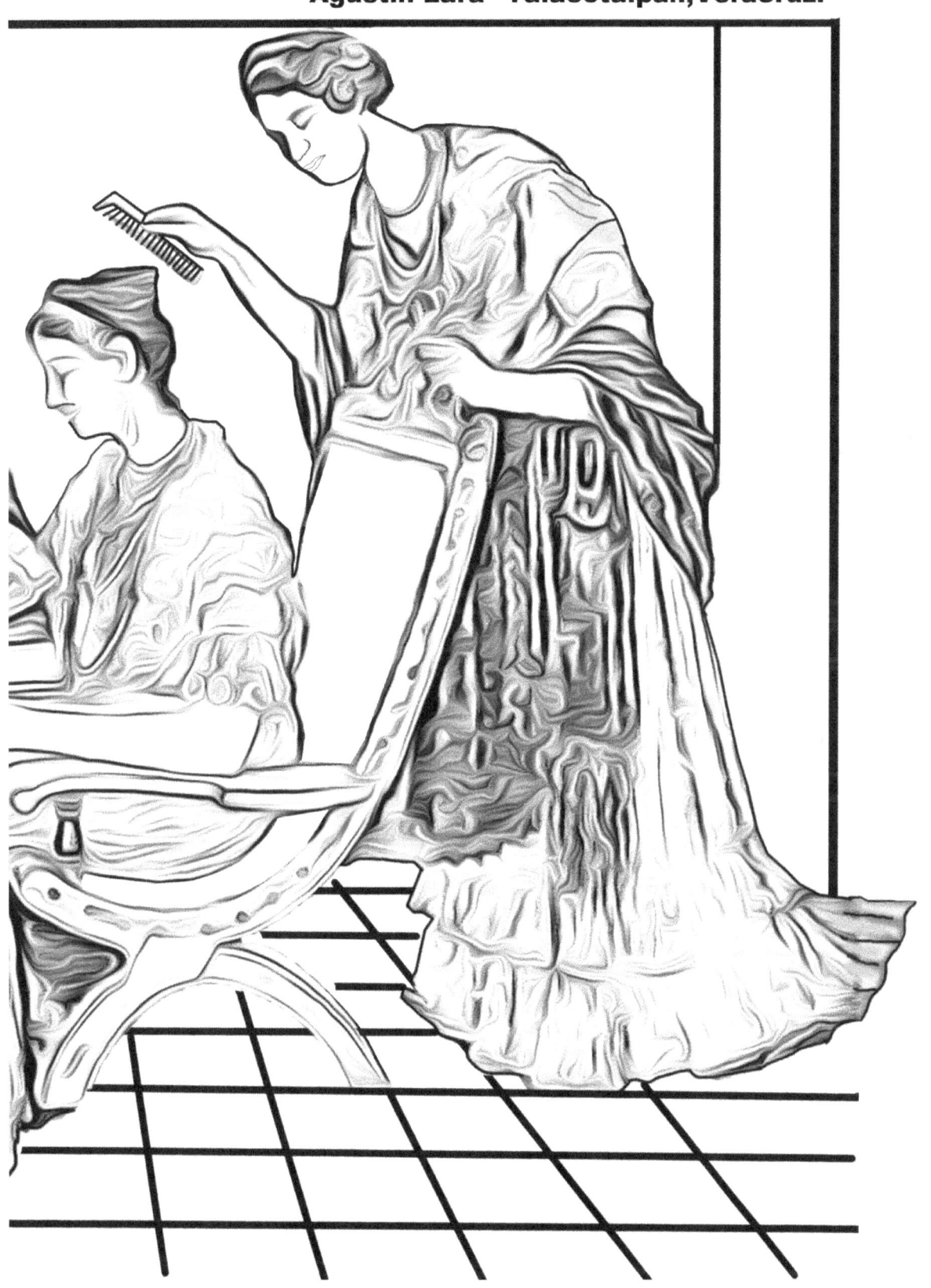

Tlacotalpan quien pudiera
dedicarte una canción
con toda la inspiración
que escondes en tu quimera.
por mi parte yo quisiera
cantarle a tu hermoso río
y a tu lindo caserío
que se pierde en el paisaje
a manera de homenaje
Tlacotalpan; pueblo mío

Porfirio R. Galo.

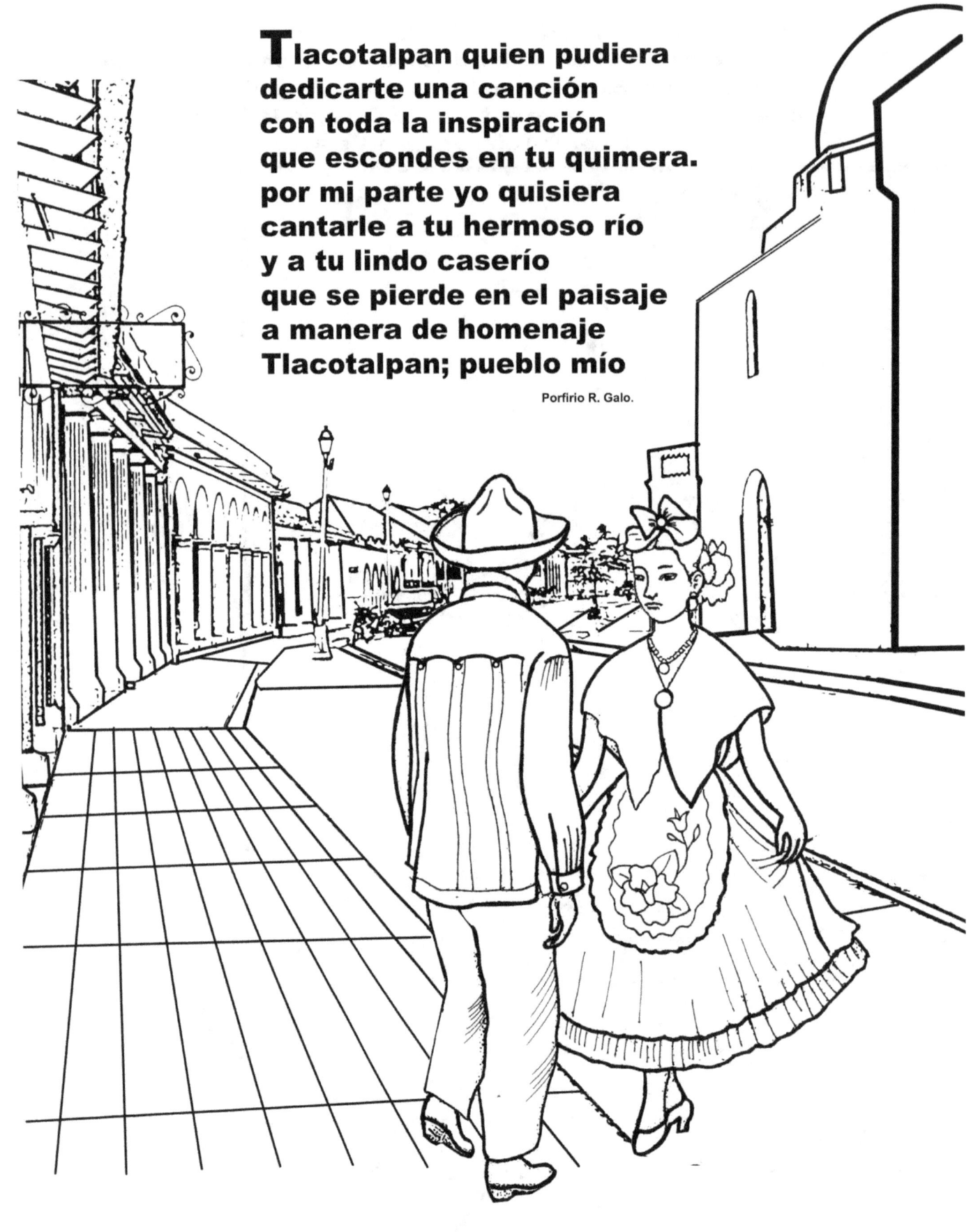

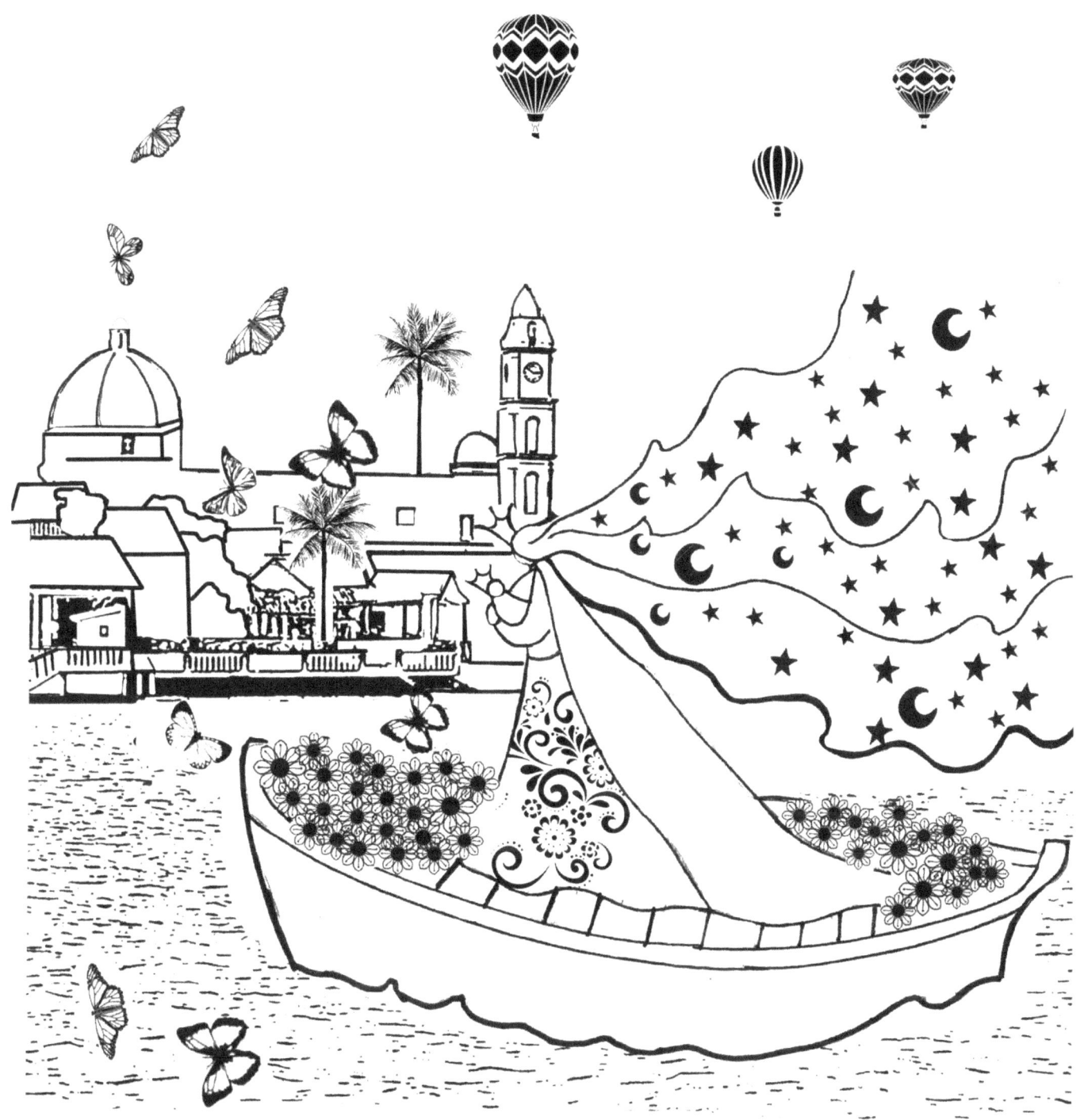

PASEO DE LA VIRGEN DE LA CANDELARIA

El 2 de febrero se pasea a Ntra. Sra. De la Candelaria por las calles de la población y posteriormente por el río Papaloapan con el fin de que haya abundante pesca y sustento al igual que el padre río no se desborde con furia y cause destrozos en toda la población y Cuenca del Papaloapan.

ENCUENTRO DE JARANEROS

El encuentro de jaraneros es uno de los eventos más importantes de la música tradicional mexicana, que ha puesto de manifiesto la relevancia y trascendencia del son jarocho en el panorama cultural de México, lleno de música y fandangos.Primeramente se relizaba como un concurso en el parque Juárez y posteriormente en el parque Doña Marta ya como "Primer encuentro de Jaraneros" transmitido nacionalmente por Radio Educación.Y desde ese entonces se realiza del 31de enero al 2 de febrero en la Plaza Doña Marta.

Tiene sus inicios a finales de los 70s y principios de 1980, gracias al visionario Arq. Humberto Aguirre Tinoco quien fuera director de la Casa de Cultura "Agustin Lara"

Fiesta de la Candelaria
con miles de visitantes
de lugares muy distantes
y su gente hospitalaria.
Esta fiesta centenaria
con los mejores troveros
dela sabana y llaneros
que nos muestran su talento,
lo mejor de sotavento
"Encuentro de Jaraneros" Porfirio R. Galó

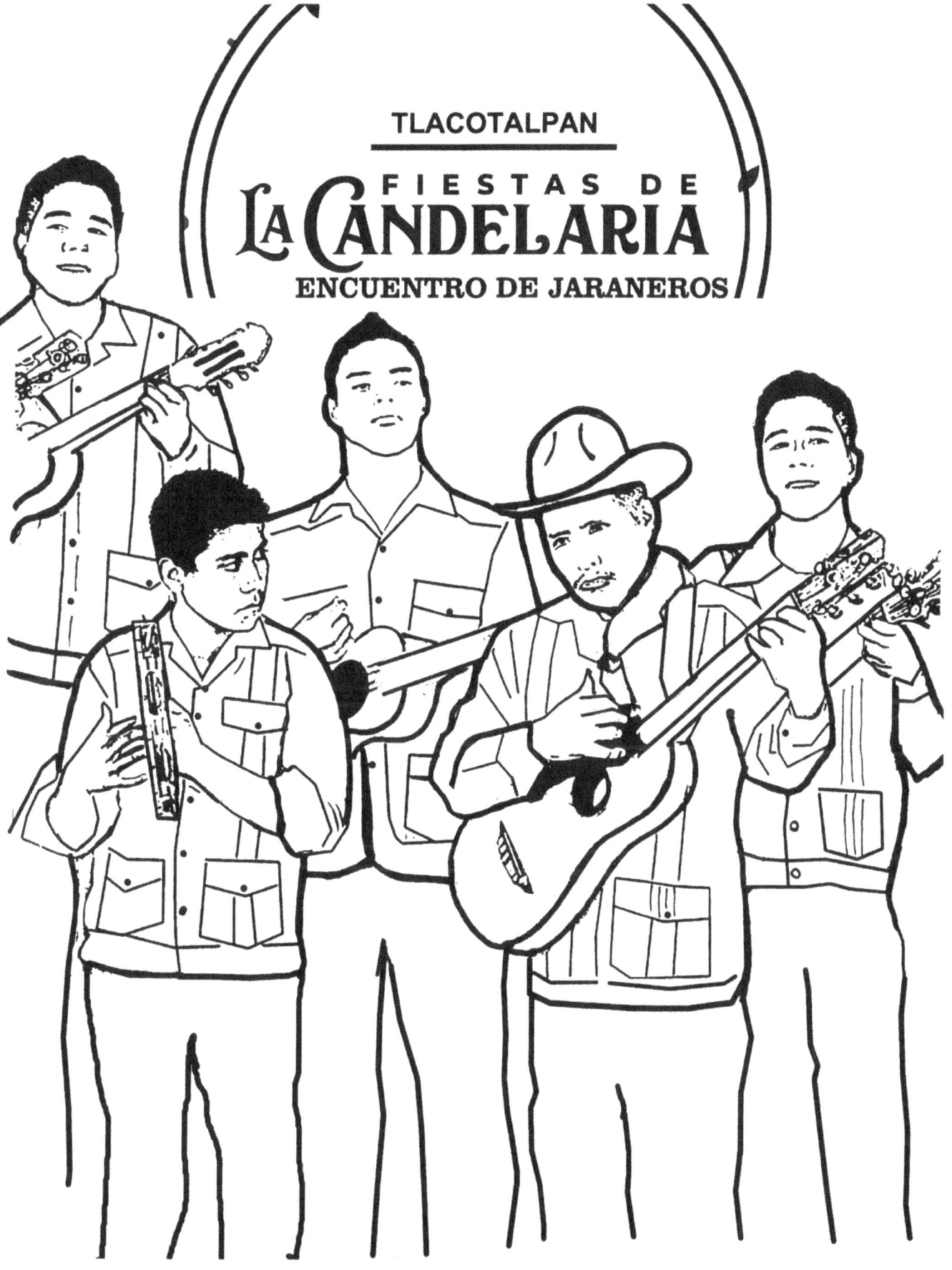

INSTRUMENTOS MUSICALES DEL SON JAROCHO

JARANA

Instrumento de cuerdas hecha de una sola pieza, tradicionalmente de cedro, con forma de una guitarra pequeña.Su encordado es de nylon.Tiene diferentes medidas;primera, segunda, tercera y chaquiste.Tienen la función de llevar la armonía y se constituye como la base musical en el son.

GUITARRA DE SON (Requinto o Jabalina)

Instrumento de contrapunto que declara y define el son con veloces improvisaciones.Tallado en una sola pieza con 4 a 5 cuerdas.se toca con una espiga de cuerno.

LEONA o VOZARRONA

Es un macizo instrumento que lleva el bajo y tangueo del son, con sus largas y profundas notas sincopadas. Su profunda voz se escucha a muchos kilómetros, llenando los espacios vacíos de la jarana y requinto.

MARIMBOL

De origen Africano incorporado al son jarocho moderno. Es un cajón sonoro con lengüetas de metal y alterna la sección de bajos con la leona.

PANDERO

Instrumento octagonal revestido de cuero, con sonajas der latón.Representa la percusión, es una herencia árabes llamado "Adufe"

QUIJADA DE BURRO

De origen oseo, es la quijada de un burro o caballo utilizada como percusión o güiro.

TARIMA

Cajón rectangular o cuadrado con orificios laterales que amplifican el sonido.Antiguamente se bendecía, tensándole unas guirnaldas con cascabeles y conchas.Es el centro del fandango, el baile y la danza.

VIOLÍN

Elementos de cuerdas usualmente utilizado en la Huasteca Potosina, que de igual modo lleva la melodía.

ARPA

Elemento musical Griego de 36 cuerdas conmemorativo del son jarocho de los 40,50s, que identifica y declara el son jarocho con la introducción musical.A partir de los 80s es un elemento más en el son jarocho tradicional.

INSTRUMENTOS MUSICALES

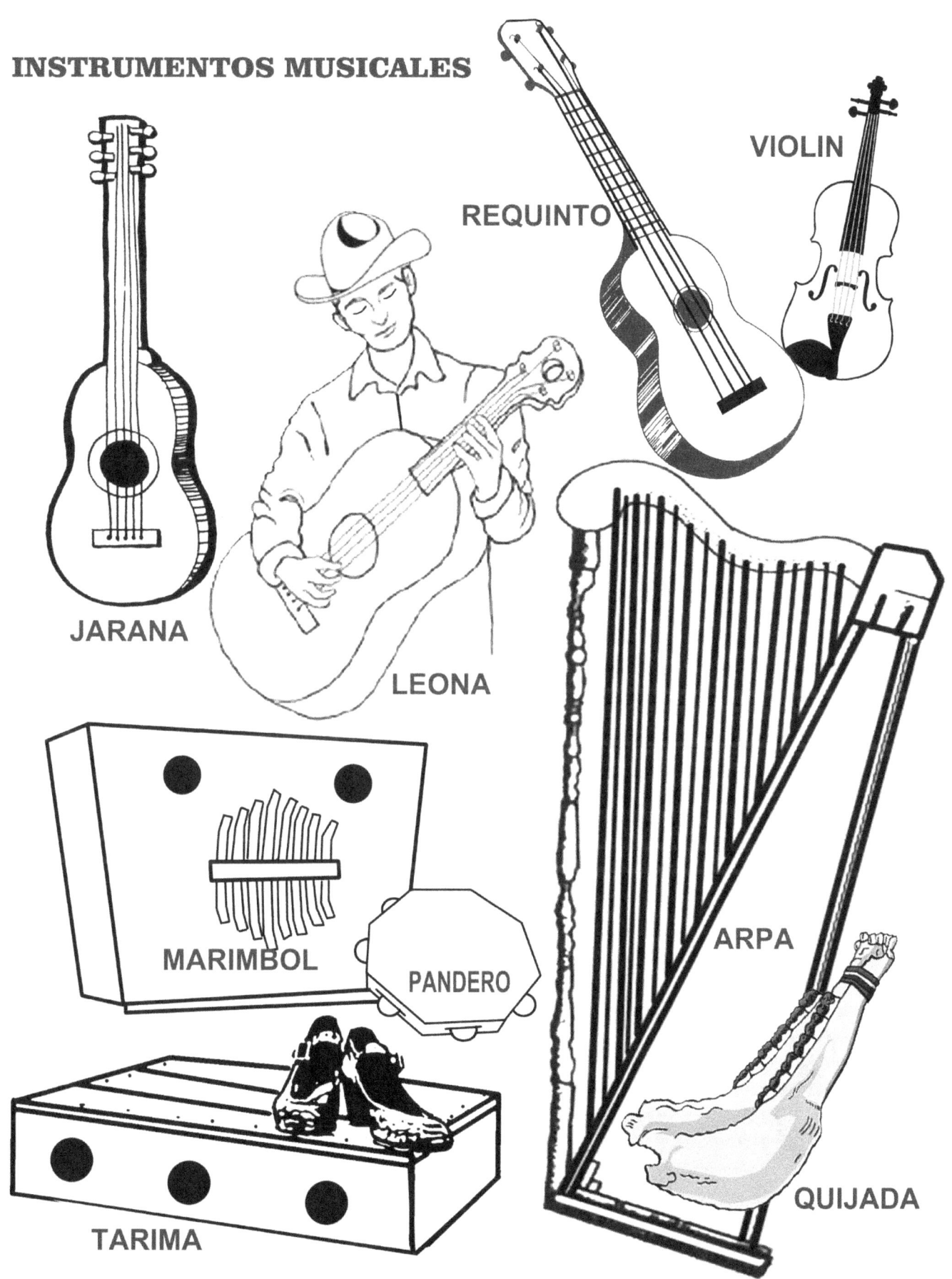

JARANA

REQUINTO

VIOLIN

LEONA

MARIMBOL

PANDERO

ARPA

QUIJADA

TARIMA

EL FANDANGO

El fandango es una festividad que celebra alrededor de una tarima, donde se improvisan versos, música y mudanzas. Existe una estructura establecida para el son jarocho tradicional; los bailadores toman turnos para bailar sones de pareja o sones de a montón, donde bailan exclusivamente las mujeres.El fandango mantine una dinámica funcional con una fuerte interacción comunitaria, donde se involucran la música, el baile, las relaciones sociales, los amores y hasta las leyendas.

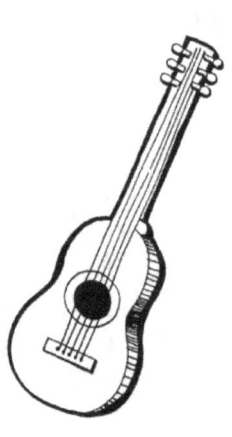
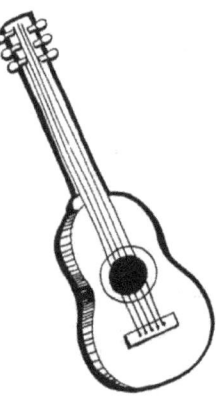

Gozo viéndote bailar
cuando se llega el domingo
al son del Tiligo lingo
quie bien sabes zapatear.
Con esa gracia sin par
en el tablado sonoro
me emociono, casi lloro
cuando danzas con estilo
y el requito de "Cirilo"
me trae tiempos que añoro.

Porfirio R. Galó

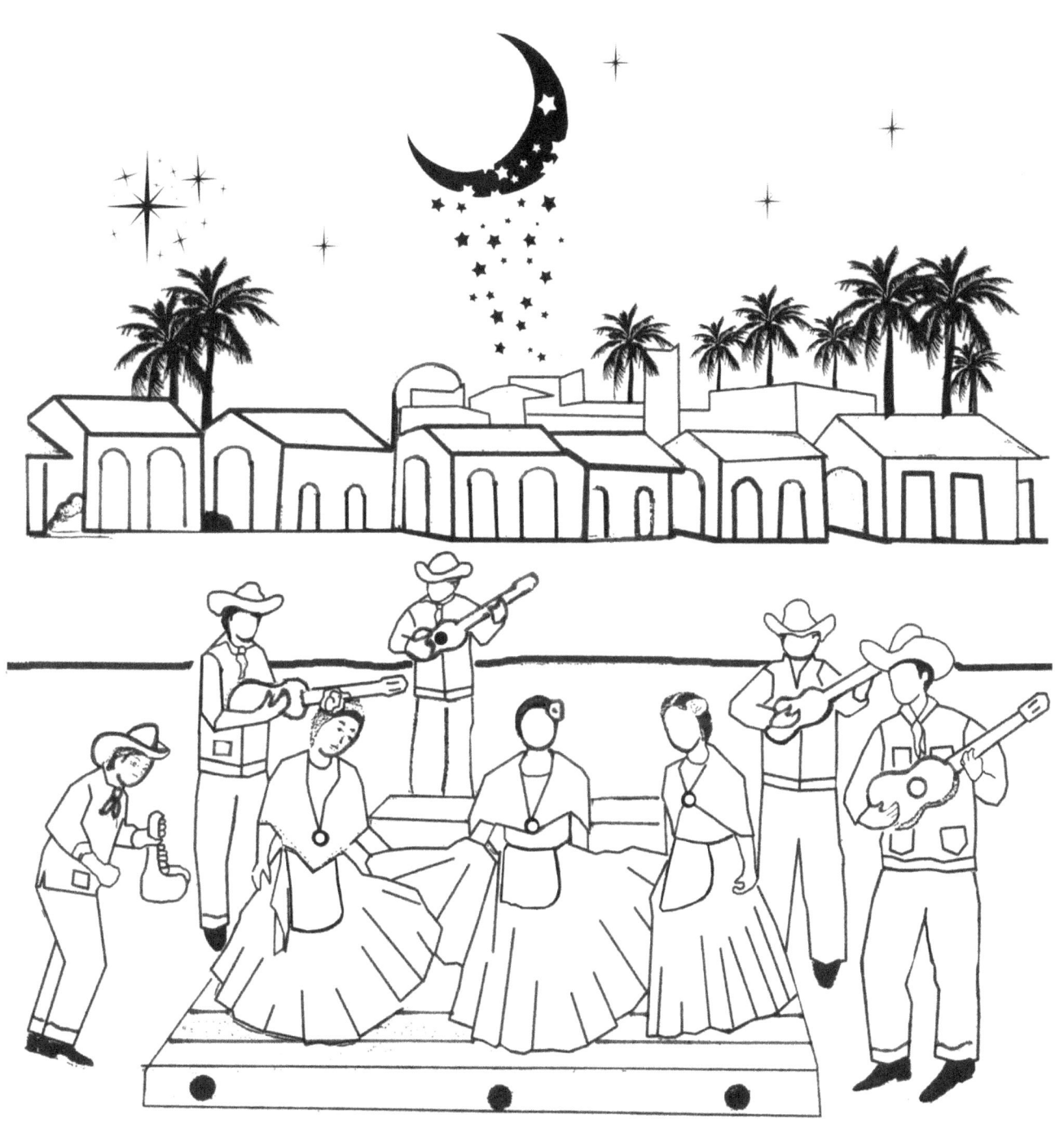

EL FANDANGO

LAS FIESTAS DE SAN MIGUELITO

El 28 de septiembre se celebran las Fiestas de San Miguelito. Paseo de mojigangas, globos aerostáticos de papel, mechas cagonas con lumbre, el palo encebado, carreras de encostalados, toros encuetados y fandango.Toda una fiesta de añoranza.

Don Melquiades Núñez Oloya fue un visionario creativo, que dio color a esta bella tradición.

250 años antes de la conquista, San Miguelito, fue una de las primeras área pobladas por cazadores y pescadores que emigraron de Acula y Amatitlán, Ver.

Barrio de San Miguelito
que de recuerdos invades
de "Nicho Palma y Melquiades"
eres un barrio bendito.
En un pergamino escrito
te dedico mi espinela
recordando a la "Macuela"
y hacia la calle de Mina
los carpinteros Medina
Los vecinos de esta plazuela.

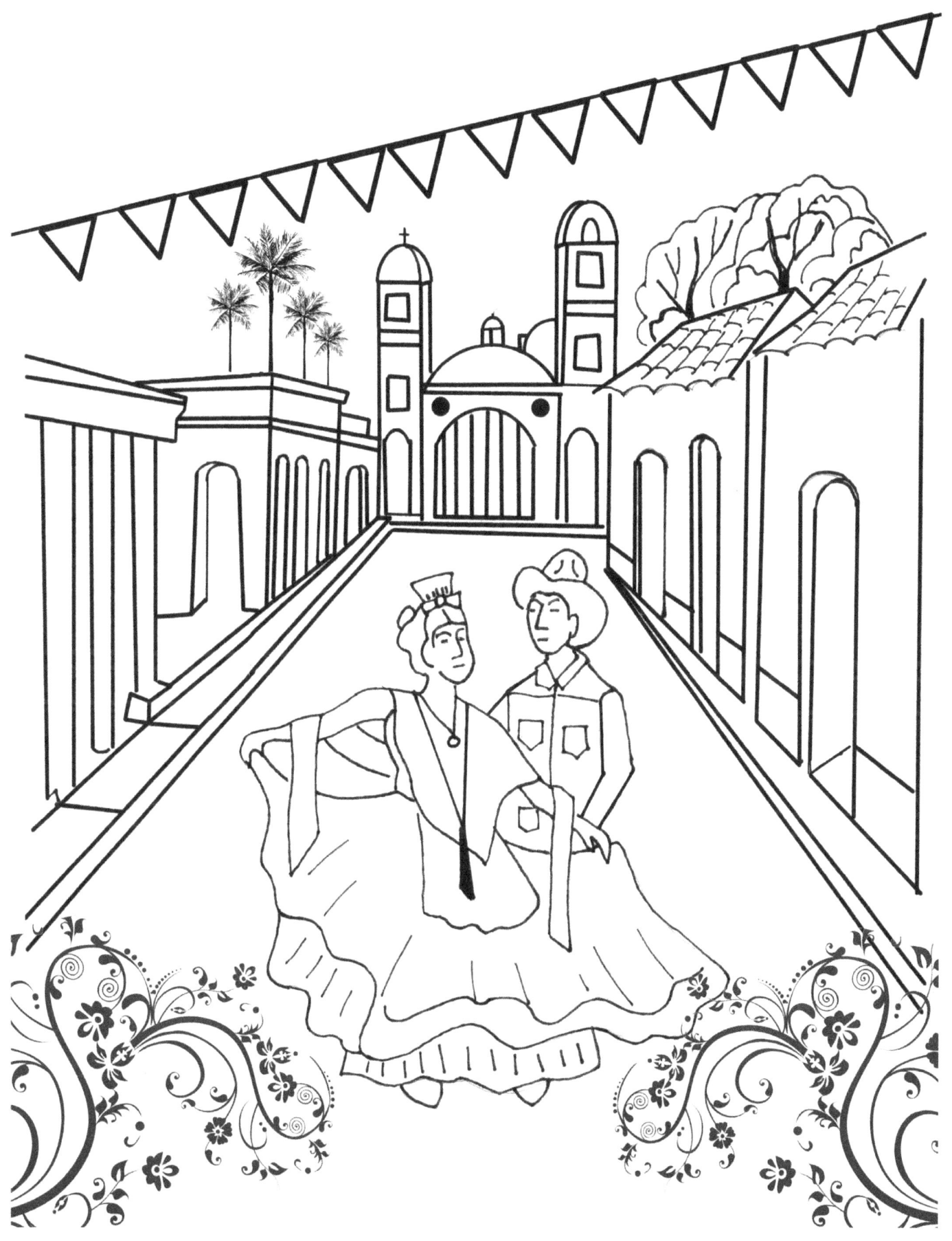

PLAZA DOÑA MARTA
(sin H como en la biblia)

Era un jardín de traza muy antiguo en tiempos de la colonia. su nombtre original fue "Jardín Plateros" y años despues fue Parque Matamoros.Doña Marta Tejedor era quien le daba mantenimiento con mucho amor y dedicación al bello jardín, en agradecimiento la gente le puso su nombre "Plaza Doña marta."Debido a una gran inundación el terreno quedó destruido y gracias a la iniciativa del Arq. Humberto Aguirre Tinoco, diseño esta bonita plazuela con curvas y pasillos.Actualmente es el espacio donde se realiza el Encuentro de Jaraneros.

Mi vida triste jardín
antes con lozadas rosas
calandrias y mariposas
con gardenias y jazmín,
en mis locuras sin fin
mi alma se desespera
con mis sueños, mi quimera
quisiera ver florecer
mi huerto como ayer
una nueva primavera.

Porfirio R. Galó

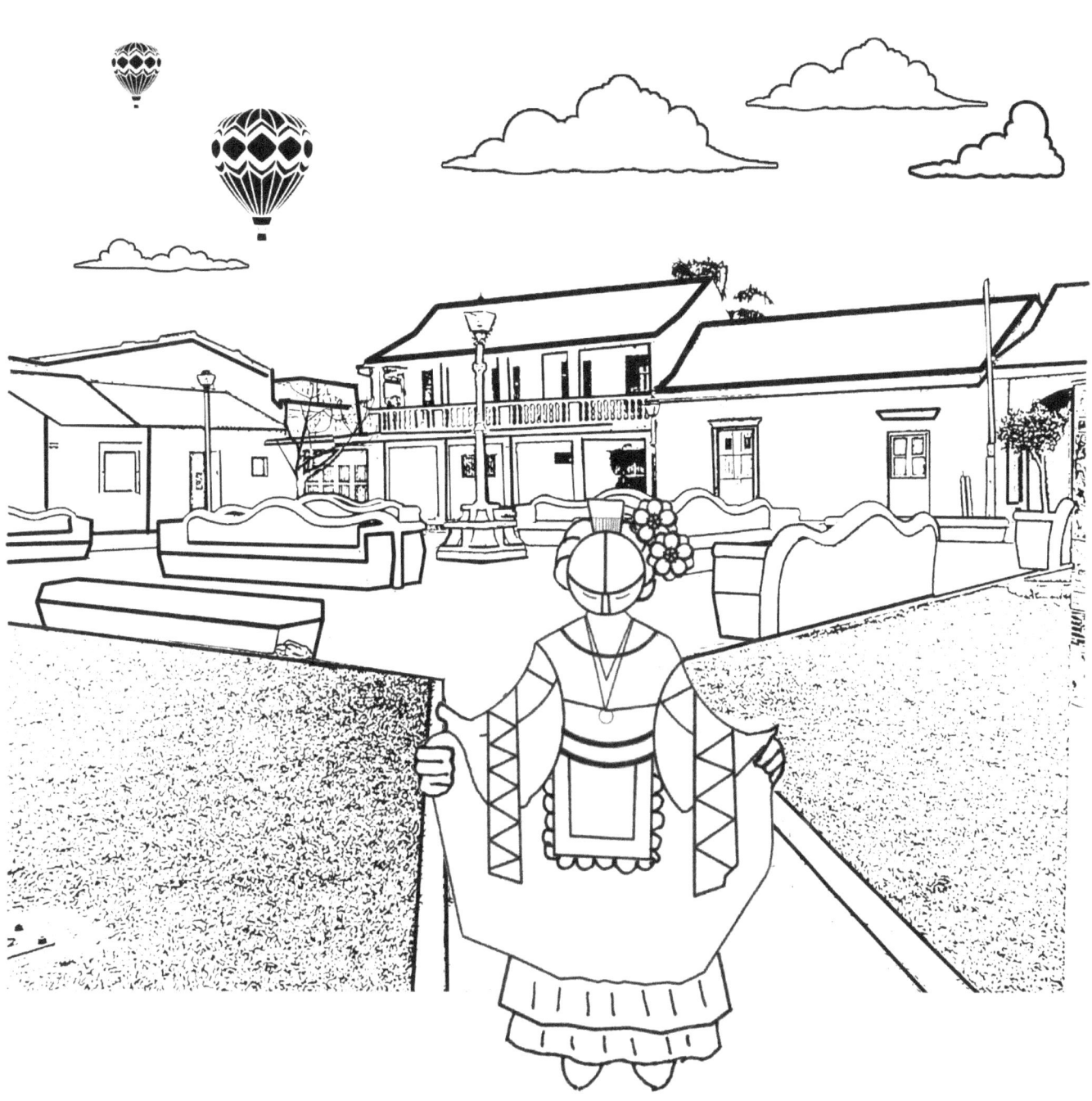

LA RAMA TLACOTALPEÑA

"Naranjas y limas, limas y limones, más linda es la virgem que todas las flores."

Así suenan los cánticos a la virgen durante las festividades Decembrinas, cuando se festeja el natalicio del niño Jesús y las posadas. Los habitantes van de casa en casa portando una rama o portalito decorado con esferas navideñas.

Su visita es acompañada con jaranas, panderos, arpa y sonajas. Para la ocasión visten trajes tradicionales y recorren el pueblo solicitando en su canto el aguinaldo.

Se cumple la profecía
en la ciudad de Belén
los magos de oriente ven
a una estrella que los guía.
Humilde José y María
con ternura, con cariño
arropan, cuidan al niño
al futuro redentor
predicar de amor
que vale más que el arminio.

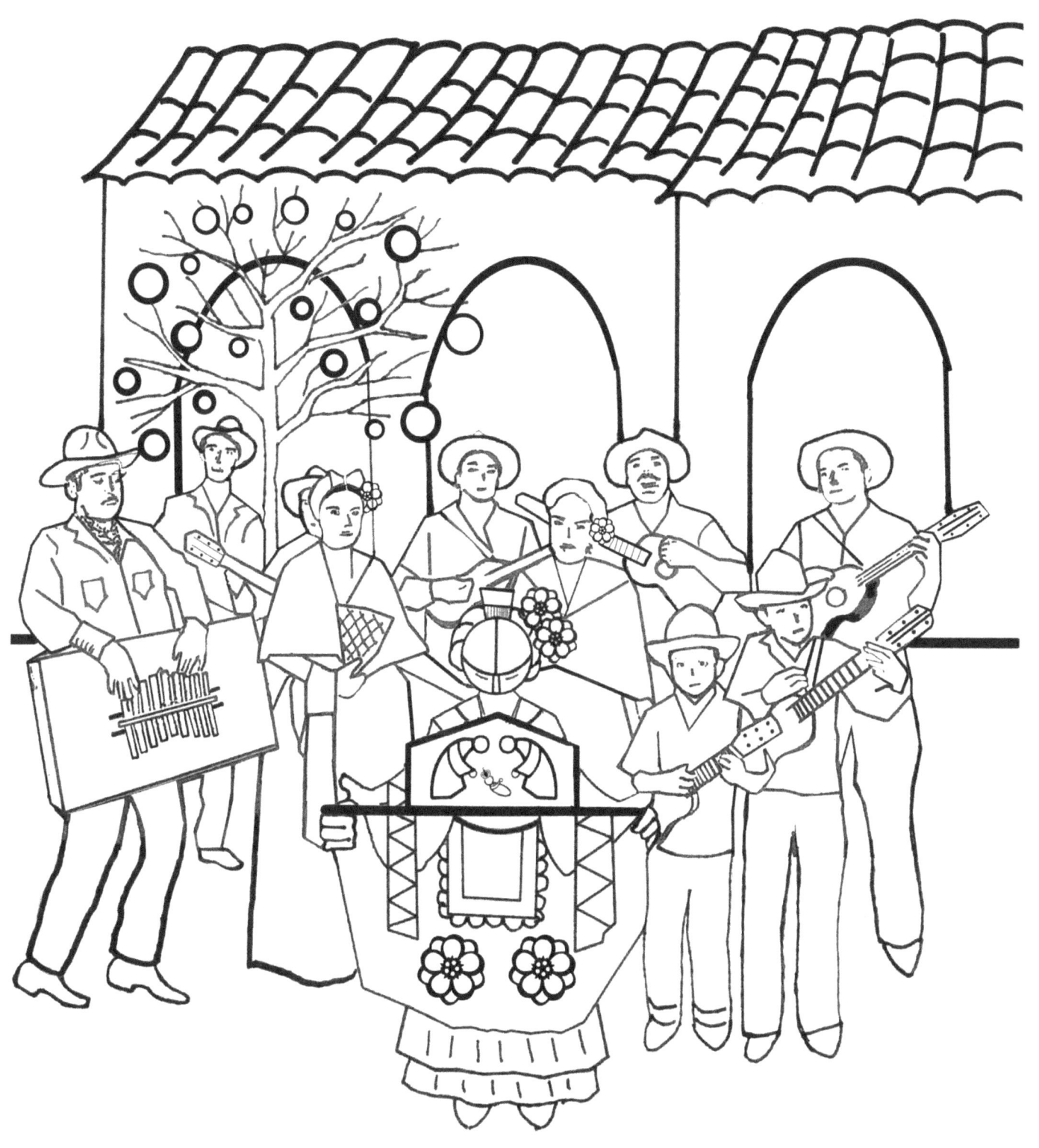

LAS RAMAS TLACOTALPEÑAS

MUSEO SALVADOR FERRANDO

Fue la casa del pintor tlacotalpeño, del siglo XIX . realizo obras con pinturas de los paisajes que se pueden contemplar en el sitio, además se encuentran objetos de la época colonial y una serie de antigüedades. El Museo Salvador Ferrando es considerada Patrimonio de la Humanidad encontraras muebles tradicionales y objetos personales del célebre pintor veracruzano.

Salvador Ferrando se destacó por el género de retrato ya que fue innovador y no se limitó a las convenciones de la Academia sino que proyecta a los personajes dentro de un contexto social, económico y político reflejando en sí su individualidad. Realizo varios homenajes a la mujer con sus retratos que resaltan en sí su intelecto, belleza y vida interior.

AGUSTÍN LARA

**Con sombrero y guayabera
tu esfinge en bronce esculpida
hoy pareces cobrar vida
en esta verde ribera
tus canciones tus quimera
con música y poesía
guardamos como tesoro
Agustín "el flaco de oro"
te rendimos pleitesía.**

Porfirio R. Galó

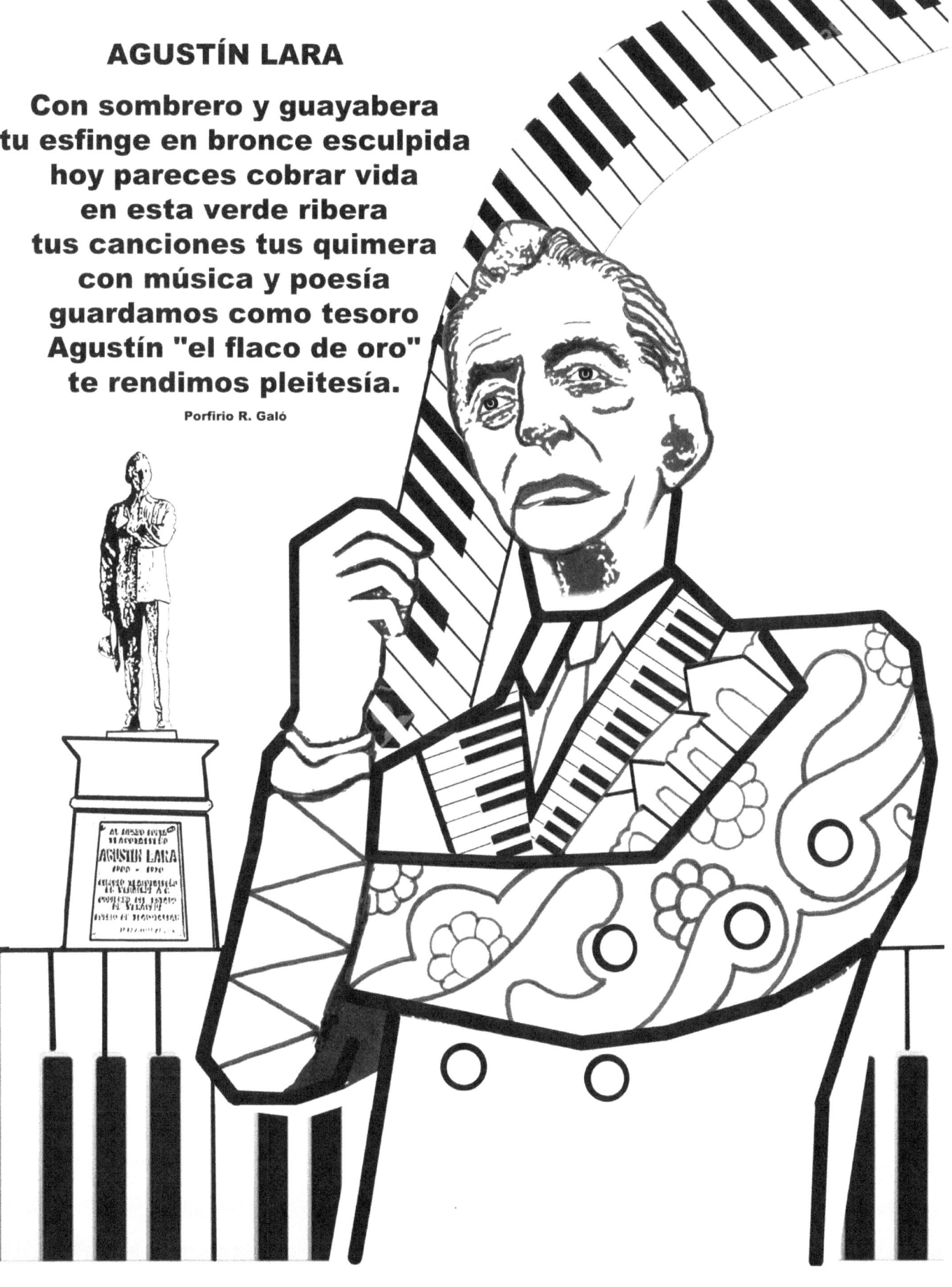